SO SCHMECKT SCHWEDEN

Die besten Rezepte für jede Jahreszeit

Für die deutsche Ausgabe:
Übersetzung und Text: Marie-Luise Schwarz, Ratingen
Lektorat: Franziska Sorgenfrei, München
Covergestaltung und Satz: Arnold & Domnick, Leipzig
Produktmanagement und Korrektorat: Christine Rauch
Druck und Bindung: POLYGRAF PRINT spol. s r o.

Die Originalausgabe erschien 2014 unter dem Titel *Lagom Svenskt* bei Kakao förlag, Schweden.

Rezepte: Margareta Schildt Landgren
Fotos: Christina Uhlin, außer Janne_S/iStock (S. 6), Rico K./fotolia (S. 9), Dasha Petrenko/ Shutterstock (S. 10), Kekyalyaynen/Shutterstock (S. 13)

1. Auflage 2018

ISBN: 978-3-7724-7469-9 • Best.-Nr. 7469

SO SCHMECKT SCHWEDEN

Die besten Rezepte für jede Jahreszeit

Margareta Schildt Landgren
Fotos: Christina Uhlin

Lifestyle
BUSSE
SEEWALD

VORWORT

Wenn ich koche, verwende ich heimische, regionale und saisonale Zutaten. Das pure Aroma kommt dann auf ganz besondere Art hervor.

Dank des rauen Klimas in Schweden haben wir Methoden entwickelt, mit denen wir unsere Lebensmittel für die Wintersaison haltbar machen, um auch dann den guten Geschmack genießen zu können. Es entstanden traditionelle Gerichte wie Köttbullar mit Preiselbeerkonfitüre, Wildbeerengelee, marinierte Heringe und getrocknetes (Wild-)Fleisch. Unser weit in den Norden gestrecktes Land bietet die verschiedensten Vegetationsarten und eine reichhaltige Fauna, die sich ebenfalls in unseren Esstraditionen widerspiegeln.

Beeren und Pilze in der Natur zu sammeln ist ein typisches Freizeitvergnügen in Schweden. Diese Naturschätze ermöglichen eine Küche mit feinsten Zutaten. Je nach Jahreszeit lieben wir unsere Primörer – die ersten Kartoffeln zu Mittsommer – oder zarte grüne Bohnen und Wurzelgemüse, wenn sich der Sommer dem Ende neigt.

Die Rezepte in diesem Buch habe ich mit diesen frischen Zutaten und der traditionellen Kochkunst ausgearbeitet und sie jeweils an die moderne schwedische Küche angepasst. Lassen Sie es sich schmecken!

Margareta Schildt Landgren

Lagom – Altbekannt und neu entdeckt

Light-Produkte, asiatische Chilisauce, modernes Superfood – das alles interessiert uns Liebhaber der schwedischen *Lagom*-Küche nicht im Geringsten. Wir konzentrieren uns stattdessen auf das pure Aroma von bei uns in Schweden heimischen Früchten, Beeren, Gemüsesorten, aber auch von Fisch- und Fleischsorten, die lange Zeit kaum Beachtung fanden, selbst wenn sie direkt vor der Haustür wuchsen.

Lagom (mit Betonung auf der ersten Silbe) hört sich vielleicht japanisch an, ist aber ein uralter Begriff aus Schweden. Man kann ihn nicht direkt übersetzen, am ehesten trifft es aber die Umschreibung *genau richtig*. Also nicht zu viel und nicht zu wenig. Dieser goldene Mittelweg, der eine ganze Lebenseinstellung umfasst, wird gern als modernes schwedisches Lifestyle-Konzept angepriesen: Man lebt im Gleichgewicht, legt Atempausen im Alltag ein, entrümpelt die Wohnung, um neuer nordischer Schlichtheit Platz zu machen, und kocht auch schwedisch, um zu sehen, wie dieses *Lagom* denn eigentlich schmeckt.

Alle um einen Tisch

Bevor wir uns aber mit dem Thema Essen beschäftigen, werfen wir zuerst einen Blick auf die Herkunft dieses Zauberwortes: In Schweden hat sich die Legende erhalten, dass in der alten Bauerngesellschaft alle um einen Tisch saßen und aus einem Topf aßen. Damit jeder satt wurde, achtete man darauf, dass keiner zu viel und keiner zu wenig bekam (*lagom*). Sprachwissenschaftler verweisen hingegen auf die alte Dativform im Altschwedischen: Aus dem Wort *lag* (Gesetz) wurde *lagum* (dem Gesetz der Gemeinschaft gemäß). Alle sind sich also zumindest einig, dass es bei dem Begriff um das Zusammenleben geht, das bestmöglich geregelt werden soll. Bis heute haben wir Schweden ein Sprichwort: *Lagom är bäst!* – *Lagom* ist das Beste!

Beim Wetter, einem der wichtigsten Tagesthemen für jeden Schweden, hieß es für die diesjährige Mittsommer-Prognose: „Der Regen zu Mittsommer in der Provinz Halland wird *lagom* sein." Im Arbeitsalltag äußert sich die schwedische *Lagom-Kultur* auf eine besondere Weise: Ausländische Geschäftspartner kennen vielleicht die stundenlangen Diskussionen, bei denen scheinbar nichts vorangeht. Sie registrieren nicht, dass die Schweden dabei nach einem Konsens suchen, der Beschlüsse für alle tragbar – also *lagom* – macht.

Pause vom Alltag

Eines der besten Beispiele dafür, wie entspannt man in Schweden innehalten kann, ist die *Fika* – eine Kaffeepause. Wird man dazu eingeladen, gilt es als unhöflich, sie abzulehnen. Mit einer Tasse Kaffee und einem Gebäckstück, etwa mit einer typischen Zimtschnecke (s. S. 51), setzt man sich zusammen, tauscht sich über Privates und Dienstliches aus und ist danach nicht nur besser informiert, sondern auch etwas entspannter.

Fredagsmys – Freitagsgemütlichkeit

Der Freitagabend hat eine besondere Stellung im schwedischen Alltag. An diesem Abend beginnt das Wochenende und man stimmt sich mit Familie oder Freunden bei einem gemütlichen Abendessen auf die freie Zeit ein. Gerichte für das *Fredagsmys* müssen nicht aufwendig sein: Aufläufe und Ofengerichte sind dabei äußerst beliebt. Serviert wird am schön gedeckten Tisch, aber gern auch mal gemütlich vor dem Fernseher.

Lagom rund ums Jahr

Wer im Rhythmus der Jahreszeiten *lagom* lebt, der feiert auch saisonale Feste und andere Gelegenheiten, die sich bieten. In Schweden gehört dazu noch vor dem Weihnachtsfest das

Lichterfest, bei dem die Heilige Lucia geehrt wird. Am Morgen des 13. Dezember bringt ein als Lucia verkleidetes Mädchen, mit einer Lichterkrone geschmückt und mit ihrem Gefolge von Sternenkindern, frisch gebackene *Lussekatter* (s. S. 113) zum Früchstück. Später am Tag gibt es noch alkoholischen Glögg für die Erwachsenen zusammen mit Pfefferkuchen (s. S. 115).

Sommerlicher Höhepunkt ist der längste Tag des Jahres, der als *Midsommar* gefeiert wird. Mit bunten Blumenkränzen im Haar tanzt man um die Mittsommerstange und widmet sich anschließend dem gut bestückten Büfett. Dabei dürfen eingelegte Heringe (s. S. 63) mit neuen Kartoffeln sowie *Köttbullar* (s. S. 105) nicht fehlen. Weniger bekannt ist das traditionelle Krebsessen, das im August das Ende des Hochsommers einläutet. Dabei handelt es sich um eine feucht-fröhliche Angelegenheit, die nicht jeder als *lagom* empfinden wird. Aber zu den in Dillsud gekochten, kalten Krebsen gehört einfach ein gut gekühlter Aquavit. Gern feiert man das Krebsessen mit guten Freunden draußen im Ferienhaus. Dann wird die Veranda mit Girlanden und Luftschlangen dekoriert und die Runde pflegt den Brauch: ein Krebs, ein Schnaps, ein Lied …

Sobald der Winter dann wieder Einzug hält, zieht es schwedische Familien warm eingemummelt nach draußen – mit einem gut gefüllten Picknickkorb. Wärmende Suppen und Getränke aller Art werden in Thermoskannen gefüllt, würzige Pfannkuchen gefüllt und manchmal gibt es sogar ein kleines Feuerchen, auf dem Würste gegrillt werden. Das ist nicht nur für die Kinder ein himmlisches Vergnügen.

Lagom schmeckt immer anders

Wie schmeckt nun dieses *Lagom*? Ich habe Ihnen dazu auf den nächsten Seiten viele Rezeptideen nach Jahreszeiten zusammengestellt. Denn *Lagom* schmeckt zu jeder Jahreszeit anders. Die saisonale Küche, die mit regionalen Zutaten arbeitet, bildet dabei den Kern. So gibt es Rhabarber im Frühling, frische Beeren im Sommer, Pilze im Herbst oder Wildfleisch und Wurzelgemüse im Winter. Unter den Rezepten werden Sie auch einige schwedische Klassiker entdecken, die durch kleine Raffinessen zu etwas ganz Besonderem werden und auch gesunde Gerichte ergeben.

Lagom ist auch die schwedische Vorratshaltung, wenn im Sommer und Herbst Obst und Gemüse geerntet wird, das schlichtweg nicht auf einmal gegessen werden kann. Dann ist die Zeit zum Konfitürekochen, zum Entsaften und Einmachen. So entstehen kleine Delikatessen für die Vorratskammer wie Vogelbeer-Apfel-Gelee (s. S. 93), die typische Preiselbeerkonfitüre (s. S. 107) oder die herzhaften gesäuerten Möhren mit Weißkohl (s. S. 55).

Frisches Brot und wilde Beeren

Wir Schweden lieben es, Brot zu backen. In schwedischen Lebensmittelläden ist die Auswahl an Mehlsorten und anderen Brotzutaten groß. Daraus entstehen im heimischen Ofen Spezialitäten wie Haselnussbrot (s. S. 108) oder Knäckebrot (s. S. 120). Die Zubereitung erfordert oft etwas Zeit. Diese Wartezeit überbrücken *Lagom*-Anhänger jedoch mühelos mit anderen kreativen Tätigkeiten.

Blaubeeren, Preiselbeeren und die nur im äußersten Norden heimischen Moltebeeren wachsen in Skandinavien in rauen Mengen. Jede schwedische Familie kennt besonders gute Sammelplätze, zu denen man zur Erntezeit gemeinsam mit Körben und Eimern zieht, um die Beeren zu sammeln. Auch Pilze, insbesondere Pfifferlinge und Steinpilze, wachsen in ganz Schweden und krönen im Herbst die *Lagom*-Küche durch ihren einzigartigen Geschmack.

Lassen Sie sich von den Rezepten inspirieren und probieren Sie aus, wie gut Ihnen dieses *Lagom* schmeckt.

FRÜHLING

SCHWEDISCHER GURKENSALAT

Ein schneller Gurkensalat, der in Schweden ein echter Klassiker ist. Er passt zu Fleisch und Fisch und gehört in Schweden auf jedes Büfett. Kurz gesagt: die ideale Beilage zu vielen Gerichten!

Für 4 Personen als Beilage

1 Salatgurke
200 ml Wasser
2 EL heller Essig (12 %)
4 EL Zucker
Salz
schwarzer Pfeffer
4 EL fein gehackte glatte Petersilie

Die Gurke waschen und in feine Scheiben hobeln. Wasser, Essig und Zucker in einer kleinen Schüssel mischen und mit Salz und Pfeffer abschmecken. Petersilie unterrühren. Die gehobelte Gurke in eine flache Schüssel geben, die Marinade darübergießen und mit einem Topfdeckel, möglichst noch beschwert, etwa 1 Stunde pressen. Danach servieren.

MAISHÄHNCHEN MIT FRÜHLINGSGEMÜSE

Die köstlichsten Frühlingsgemüsearten sind hier vereint. Spargel, Radieschen, Giersch und neue Kartoffeln füllen den Teller. Und ums Haus wächst wieder zartes Grün: Das Leben erwacht!

Für 4 Personen

4 Maishähnchenfilets mit Haut
7 EL Rhabarbersaft
etwas frischer Thymian, gewaschen
Salz
schwarzer Pfeffer
½ Bund frischer weißer Spargel
½ Bund frischer grüner Spargel
1 Bund Radieschen
etwas frischer Giersch, gewaschen
3 EL Rapsöl
2 EL Butter

Als Beilage
gekochte neue Kartoffeln

Den Backofen auf 150 °C (Ober-/Unterhitze) vorheizen. Falls noch Fett und Sehnen an den Hähnchenfilets sind, diese wegschneiden. 4 EL Rhabarbersaft in einen Gefrierbeutel geben. Thymianblätter klein schneiden und etwas Salz und Pfeffer dazugeben. Die Hähnchenteile darin marinieren.

In der Zwischenzeit alle Gemüsesorten putzen und waschen. Den weißen Spargel schälen, dann weißen und grünen Spargel in hauchdünne Scheibchen schneiden. Die Radieschen halbieren, den Giersch in feine Streifen schneiden. Alles in eine Schüssel geben.

Die restlichen 3 EL Rhabarbersaft mit Rapsöl verrühren und mit Salz und Pfeffer abschmecken. Das Dressing über das Frühlingsgemüse träufeln und vermengen.

Die Butter in einer Pfanne erhitzen und die Hähnchenfilets darin scharf anbraten, bis sie außen goldbraun sind. In eine ofenfeste Form geben und im Backofen backen, bis durchsichtiger Fleischsaft austritt. Nach 10–15 Minuten herausnehmen und in Scheiben schneiden. Zusammen mit dem Frühlingsgemüse und den Kartoffeln servieren.

GERÄUCHERTE GARNELEN MIT BRENNNESSEL-BÄRLAUCH-CREME

Selbst räuchern macht Spaß und ist ganz einfach. Am leichtesten geht es natürlich mit einem kleinen Räucherofen; man kann aber auch feuchte Holzspäne auf die Glut im Grill legen und dann den Deckel schließen. Die Garnelen eignen sich gut als kleine Vorspeise, sie sind aber auch auf jedem Büfett gern gesehen.

Für 4 Personen

1 kg frische oder tiefgefrorene Garnelen mit Schale
1 unbehandelte Zitrone
2–3 Handvoll frische Brennnesseln, gewaschen
1 Kartoffel, gekocht und geschält
2 frische Blätter Bärlauch, gewaschen
100 g Crème fraîche
Salz
schwarzer Pfeffer

Kontrollieren Sie die Frische der Garnelen anhand von Geruch und Farbe: Sie sollten nicht stark nach Fisch riechen und eine schimmernd gräuliche Farbe haben. Dann die Schale der Zitrone fein reiben und die Garnelen damit würzen. Den Räucherofen oder Grill vorbereiten.

Die Brennnesseln in leicht gesalzenem Wasser kurz dünsten. Das Wasser abgießen, die Nesseln gut ausdrücken und zusammen mit der Kartoffel, den Bärlauchblättern, Crème fraîche sowie etwas Salz und Pfeffer zu einer glatten Creme pürieren.

Die Garnelen ein paar Minuten räuchern und dann noch eine Weile ruhen lassen.

Die geräucherten Garnelen zusammen mit der Brennnessel-Bärlauch-Creme servieren.

DILLFLEISCH VON KALB UND LAMM

Ein schwedischer Klassiker ist dieses Frikassee mit Dillaroma. Ich verwende Kalb und Lamm, man kann aber auch nur eine Fleischsorte nehmen. Das Fleisch kann man am Vorabend kochen, dann muss man am nächsten Tag nur noch die Sauce zubereiten und Kartoffeln sowie Gemüse kochen.

Für 4 Personen

600 g Lammfleisch mit Knochen
600 g Kalbfleisch mit Knochen
1 Zwiebel
1 Möhre
2 Lorbeerblätter
1 TL Salz
10 weiße Pfefferkörner
1 Bund Dill, gewaschen
3 EL Instantmehl

2 EL Kalbsfond
100 g süße Sahne
½ EL heller Essig (12 %)
2 EL Rapsöl

Als Beilage
Salzkartoffeln
gekochte Möhren

Das Fleisch in einen großen Topf geben und mit kaltem Wasser vollständig bedecken. Zwiebel und Möhre schälen und in Stücke schneiden. Zusammen mit den Lorbeerblättern sowie dem Salz und den Pfefferkörnern in den Topf geben. Die Dillstängel abschneiden und ebenfalls dazulegen. Dill klein hacken und beiseitestellen.

Nun das Fleisch zum Kochen bringen und zugedeckt 1–1½ Stunden köcheln lassen, bis sich die Fleischstücke vom Knochen lösen. Zwischendurch immer wieder den Schaum abnehmen. Den Topf von der Kochplatte nehmen und das Fleisch in der Brühe auskühlen lassen.

Das Fleisch aus der Brühe nehmen und in Scheiben schneiden. Die Fleischbrühe ohne Deckel eine Weile aufkochen, dann durch ein feines Sieb in einen neuen Topf gießen. Das Mehl unter Rühren hinzufügen und 3–5 Minuten aufkochen lassen. Dann Fond, Sahne und Essig dazugeben.

Den gehackten Dill mit dem Rapsöl mixen und in die Sauce rühren. Die Fleischscheiben in die Sauce legen, bis sie wieder warm sind, und mit Salzkartoffeln und gekochten Möhren servieren.

RHABARBER MIT KNUSPRIGER HAFERDECKE

Es ist faszinierend, wie es der junge Rhabarber schafft, auch bei kühlem Frühlingswind aus dem Boden zu wachsen. Rhabarber gedeiht auch bei rauerem Klima in schwedischen Gärten und kann vom Frühjahr bis in den September geerntet werden. Hier trifft der säuerliche Rhabarber auf den süßen Geschmack von Karamell.

Für 4–6 Personen

400 g Rhabarber
45 g Haferflocken
140 g Zucker
120 g Weizenmehl
½ TL Backpulver
½ TL Vanillezucker
100 g Butter plus etwas mehr zum Einfetten
3 EL süße Sahne
3 EL heller Sirup

Zum Servieren
Vanilleeis

Den Backofen auf 150 °C (Ober-/Unterhitze) vorheizen. Rhabarber putzen und in etwa 2 cm lange Stücke schneiden.

Haferflocken, Zucker, Mehl, Backpulver und Vanillezucker in einer Schüssel mischen. Die Butter in einem Topf schmelzen, Sahne und Sirup hinzufügen. Die Mischung über die trockenen Zutaten gießen und zu einer Masse verrühren.

Kleine ofenfeste Formen einfetten. Rhabarberstücke auf dem Boden verteilen und die Haferflockenmasse darüber geben. Auf der mittleren Schiene im Ofen etwa 20 Minuten backen, bis die Haferdecke leicht braun und der Rhabarber weich ist. Lauwarm mit Vanilleeis servieren.

SOMMER

ERDBEERSAFT

Selbst gemachter Erdbeersaft schmeckt nach Kindheit und Sommer.

Ergibt 2 Flaschen (à 1 l)

2 kg Erdbeeren
800 ml Wasser
360–450 g Zucker pro Liter gewonnener Saft
1 gestr. TL Einmachhilfe

Die Erdbeeren putzen und sorgfältig verlesen. Dann die Früchte in einen Topf mit dickem Boden geben und das Wasser hinzugießen. Aufkochen und etwa 10 Minuten köcheln lassen. Die Erdbeeren mit einer Gabel zerdrücken. Ein Safttuch über eine Schüssel spannen und den Fruchtbrei darüber mindestens 30 Minuten abtropfen lassen. Nun die Flüssigkeit abmessen und die entsprechende Zuckermenge berechnen. Zucker und Grundsaft in einen Topf geben, aufkochen und durchrühren, bis sich der Zucker vollständig aufgelöst hat. Den Topf von der Kochplatte nehmen und den Schaum abschöpfen.

Etwas Saft in eine Schüssel gießen und mit der Einmachhilfe verrühren. Zum restlichen Saft gießen und erneut verrühren. Den fertigen Saft in ausgekochte Glasflaschen füllen. Die Flaschen verschließen und kühl lagern.

GEKOCHTE KREBSE

Der Signalkrebs ist ein Süßwasserkrebs, den man in schwedischen Seen und Gewässern findet. Er ist die wichtigste Zutat für die traditionellen schwedischen Krebsfeste, die alljährlich im August gefeiert werden. Nur an der schwedischen Westküste greift man auch zum Kaisergranat. Der Signalkrebs ist kleiner als der Kaisergranat und färbt sich beim Kochen rot. Beide Arten werden gekocht und dann kalt gegessen.

Für 4 Personen

5 l Wasser
120 g grobes Meersalz
1 EL brauner Zucker
500 ml dunkles Bier
10 Stängel Dill mit Blüten
2 kg Krebse

Das Wasser mit Salz, Zucker, Bier und der Hälfte der Dillstängel aufkochen und etwa 15 Minuten köcheln lassen. Dann den Dill mit einer Schaumkelle herausnehmen.

Nun die Krebse zusammen mit den restlichen Dillstängeln hineingeben. Sind die Krebse unterschiedlich groß, kommen zuerst die größten in den Sud. Einige Minuten kräftig aufkochen, bis die Krebse an die Oberfläche steigen. Die Krebse in dem Sud abkühlen lassen und bis zum nächsten Tag kalt stellen. Kalt servieren oder nach Geschmack gratinieren.

KAISERGRANAT MIT GEBRÄUNTER FENCHELBUTTER

Für 4 Personen

12 kleine Kaisergranat, am besten ungekocht
100 g Butter
1 Knoblauchzehe, geschält
2 EL Kraut vom Bronzefenchel, fein gehackt
(alternativ normales Fenchelkraut)
Salz
schwarzer Pfeffer

Als Beilage
frisches Bauernbrot

Den Backofen auf 250 °C (Ober-/Unterhitze) vorheizen. Kaisergranat längs halbieren und auf ein mit Backpapier belegtes Blech legen. Die Butter in einem kleinen Topf schmelzen und bei mittlerer Hitze braten, bis sie leicht bräunt und nussig duftet. Gut aufpassen, dass sie nicht anbrennt. Dann den Schaum abschöpfen.

Knoblauch fein hacken und zusammen mit dem Fenchelkraut zu der gebräunten Butter geben. Mit Salz und Pfeffer abschmecken. Die Butter über die Kaisergranat träufeln und die Krebse auf der obersten Backofenschiene 3–4 Minuten braten.

Genießen Sie die warmen Krebse als Vorspeise zusammen mit einem frischen Bauernbrot, das in die Butter gestippt wird.

HERINGSTÖRTCHEN ZU MITTSOMMER

Zu Mittsommer gibt es Hering in jeder Form. Hier abgewandelt als Fingerfood: Ein Kartoffel-Heringssalat wird auf Brotscheiben gegeben und mit delikatem Maränenkaviar garniert. Bei jedem Biss schmeckt man den Sommer!

Ergibt 8 Stück

8 Scheiben Kavring (südschwedisches Roggenbrot; alternativ Pumpernickel)
50 g Butter
4 Kartoffeln
3 Eier
½ Apfel, gewaschen und Kerngehäuse entfernt
etwa 500 g Matjesheringe
1 kleine rote Zwiebel, geschält
6 EL Crème fraîche
½ Bund Schnittlauch
100 g Maränenkaviar (Löjrom)

Garnierring (6 cm ø)

Das Brot in der Küchenmaschine fein zerkrümeln. Butter schmelzen und mit den Brotkrümeln zu einem Teig verarbeiten. In den Garnierring geben, leicht andrücken und den Ring vorsichtig entfernen. Auf diese Weise insgesamt acht Böden formen. Anschließend in den Kühlschrank stellen.

Die Kartoffeln schälen, kochen und abgießen. Die Eier weich kochen und schälen. Beides auskühlen lassen. Kartoffeln, Eier, Apfel, Matjes und Zwiebel grob hacken und mit der Crème fraîche verrühren.

Den Garnierring erneut auf einen Brotboden setzen und die Matjes-Kartoffelfüllung darin verteilen. Etwas zusammendrücken und den Ring vorsichtig abziehen. Mit Schnittlauch und einem Klecks Maränenkaviar garnieren und möglichst schnell servieren.

WACHSBOHNEN MIT PETERSILIENVINAIGRETTE

Wachsbohnen gibt es nur für kurze Zeit im Sommer. Verpassen Sie die Saison nicht und genießen Sie diese Delikatesse, sobald sie angeboten wird! Die Bohnen haben ein zartes Aroma, zu dem die Petersilienvinaigrette schön harmoniert. Sie eignen sich ausgezeichnet als Beilage zu Fisch oder Fleisch sowie zu vegetarischen Gerichten.

Für 4 Personen als Beilage

200–300 g Wachsbohnen
Salz
20 Stängel Petersilie
3 EL heller Essig, z. B. aus Birkensaft oder Cider
4 EL Rapsöl von hoher Qualität
Salz
schwarzer Pfeffer

Die Bohnen putzen und in leicht gesalzenem Wasser garen, bis sie gerade weich sind, aber noch Biss haben. Das Wasser abgießen.

Die Petersilie waschen und die Blätter abzupfen. Petersilie, Essig und Öl mit einem Stabmixer pürieren. Mit Salz und Pfeffer abschmecken und die Petersilienvinaigrette über die noch warmen Wachsbohnen träufeln.

WAFFELN MIT JOHANNISBEER-PARFAIT

Schwedische Waffeln sich zwar dünner als ihre belgischen Verwandten, aber mindestens genauso lecker. Sie sind schnell zubereitet und werden das ganze Jahr über gern gegessen, besonders aber zum Waffeltag, den man alljährlich am 25. März feiert.

Für 4–6 Personen

Für das Parfait
250 g süße Sahne
3 Eigelb
60 g Puderzucker
250 g rote Johannisbeeren

Für die Waffeln
150 g Weizenmehl
200 ml kaltes Wasser
50 g Butter
150 g süße Sahne
1 Ei

Zunächst das Parfait zubereiten; es muss etwa 4 Stunden tiefgekühlt werden. Dazu die Sahne steif schlagen. Das Eigelb mit dem Puderzucker schaumig rühren. Die Johannesbeeren putzen und 150 g davon pürieren. Die Sahne mit dem Eischaum und dem Beerenpüree mischen. Die Masse in eine Form füllen, die etwa 1000 ml fasst. Dann 4 Stunden tiefkühlen. Etwa 30 Minuten vor dem Servieren antauen lassen.

Für die Waffeln das Mehl in eine Schüssel geben. Das Wasser nach und nach zugießen und zu einem Teig ohne Klumpen verrühren. Die Butter schmelzen und etwas abkühlen lassen. Sahne und Butter zum Teig geben und das Ei hineinschlagen. Gut verrühren und etwa 15 Minuten gehen lassen.

Ein Waffeleisen aufheizen, jeweils eine Portion Teig hineinfüllen und zu goldbraunen Waffeln backen. Mit frischen Johannisbeeren und dem Johannisbeer-Parfait servieren.

SAHNETORTE MIT SOMMERBEEREN

Ergibt etwa 10 Stücke

Für den Teig
4 Eier
180 g Zucker
50 g Weizenmehl
50 g Kartoffelmehl
1 TL Backpulver
1 EL Butter
2 EL Paniermehl

Für die Füllung
100 ml pürierte Beeren
300 g Quark (10 % Fett)
½ TL Vanillezucker

Zum Garnieren
300 g süße Sahne
frische Beeren, z. B. Erdbeeren, Himbeeren, Blaubeeren, Johannisbeeren

Den Backofen auf 175 °C (Ober-/Unterhitze) vorheizen. Eier und Zucker schaumig schlagen. Weizen- und Kartoffelmehl mit dem Backpulver mischen und unter die Eimasse rühren. Eine Springform einfetten und mit Paniermehl ausstreuen. Den Teig hineingeben und auf der unteren Schiene im Ofen etwa 30 Minuten backen. Mit einem Stäbchen testen, ob der Kuchen durchgebacken ist. Den Kuchen in der Form auskühlen lassen.

Für die Füllung die Beeren mit dem Quark und dem Vanillezucker verrühren. Den Kuchen zweimal waagrecht durchschneiden, sodass drei Teile entstehen. Den untersten Boden auf eine Tortenplatte setzen. Eine Lage Füllung darauf verteilen, den nächsten Boden auflegen und wieder eine Lage Füllung daraufgeben. Als Abschluss den oberen Boden auflegen.

Die Sahne steif schlagen und die Torte damit bestreichen. Mit frischen Beeren garnieren.

SANDDORNTRÜFFEL

Sanddornbüsche säumen Schwedens Küsten. Die anspruchslosen Sträucher wachsen sogar weit draußen. Ihre orangenen Beeren sind weich und saftig und besitzen einen unglaublichen Vitamin-C-Gehalt. Man schneidet am besten ganze Zweige ab und legt sie eine Weile in den Tiefkühler, denn im gefrorenen Zustand lassen sich die Beeren leichter abschütteln. Diese Trüffel sind feine Häppchen zum Kaffee nach dem Essen.

Ergibt etwa 20 Stück

60 g Sanddornbeeren
1 EL Honig
200 g dunkle Schokolade (70 % Kakao)
100 g süße Sahne
1 EL Butter

kleine Pralinenformen

Die Sanddornbeeren putzen und zusammen mit dem Honig in einem Topf erwärmen, bis die Beeren weich werden.

Die Schokolade klein hacken und in eine Schüssel geben. Die Sahne aufkochen und über die Schokolade gießen, umrühren, bis die Schokolade schmilzt und sich alles vermischt. Anschließend die Butter und die Sanddornbeeren gut unterrühren – dabei ein paar Beeren zum Garnieren auf die Seite legen.

Die Trüffelmasse in kleine Förmchen gießen, mit den restlichen Beeren garnieren und mindestens 4 Stunden kalt stellen, bis die Trüffel hart geworden sind.

PREISELBEERBIRNEN

Ein schönes Stillleben – dieses Dessert schmeckt nicht nur himmlisch, sondern macht auch optisch etwas her! Nehmen Sie am besten kleine Birnen, dann ist eine pro Portion genau lagom.

Für 4 Personen

Für die Birnen
4 feste Birnen (vorzugsweise Gute Graue)
300 ml Preiselbeersaft
200 g Preiselbeeren, kalt gerührt
2 Zimtstangen

Für die Haselnusssauce
65 g Haselnusskerne
100 g süße Sahne
60 g Rohzucker
100 ml heller Sirup
¾ EL Weizenmehl

Zum Servieren
Vanilleeis

Die Birnen schälen, die Stiele nicht entfernen. Preiselbeersaft, Preiselbeeren und Zimtstangen 10 Minuten zusammen köcheln lassen. Dabei die Beeren zerdrücken. Die Birnen hineinlegen und leicht köcheln lassen, bis die Früchte weich sind. Das dauert etwa 15 Minuten. Birnen im Sud abkühlen lassen.

Für die Sauce die Haselnüsse grob hacken. Sahne, Rohzucker, Sirup und Mehl zu einer sämigen Sauce einkochen, zum Schluss die Nüsse unterrühren.

Die Birnen mit Vanilleeis und warmer Haselnusssauce servieren.

PFANNKUCHEN MIT BLAUBEERKONFITÜRE

Nach den süßen kleinen Pfannkuchen (Plättar) leckt sich jedes schwedische Kind die Finger und auch bei großen Schleckermäulern werden Kindheitserinnerungen wach. Mit wenigen Zutaten ist der Teig schnell zubereitet und vielleicht hat man Glück und die Blaubeerkonfitüre steht schon griffbereit?

Blaubeerkonfitüre
Ergibt 4 Gläser (à 250 ml)

500 g Blaubeeren
50 ml Wasser
270 g Zucker
¼ TL Einmachhilfe

Pfannkuchen
Ergibt etwa 40 Stück

3 Eier
600 ml Vollmilch
125 g Weizenmehl
½ TL Salz
2 EL Butter-Rapsöl (z. B. Albaöl)

Die Blaubeeren putzen und sorgfältig verlesen. Mit dem Wasser aufkochen und etwa 10 Minuten köcheln lassen. Den Topf von der Kochplatte nehmen und den Zucker hinzufügen. Unter Rühren weitere 5 Minuten bei schwacher Hitze kochen lassen und erneut von der Platte nehmen. Den Schaum abschöpfen. Einmachhilfe mit etwa 100 ml Konfitüre vermischen und diese wieder zurück in den Topf geben. Alles gut verrühren.

Die Konfitüre in ausgekochte Gläser abfüllen, sofort die Deckel aufschrauben und die Konfitüre im Kühlschrank lagern.

Für die Pfannkuchen die Eier aufschlagen und mit der Hälfte der Milch verrühren. Das Mehl nach und nach hinzugeben und mit dem Schneebesen klumpenfrei verrühren. Die restliche Milch unterrühren, das Salz dazugeben und zum Schluss das Butter-Rapsöl hineingießen.

Eine Pfanne erhitzen – in Schweden gibt es dazu spezielle Pfannen mit Vertiefungen, eine normale Pfanne geht aber auch – und je einen kleinen Klecks Teig hineingeben. Rechtzeitig wenden, damit die Oberfläche nur leicht goldbraun wird. Zusammen mit der Konfitüre servieren.

ZIMTSCHNECKEN

Obwohl Zimt in Schweden nicht heimisch ist, sind diese Schnecken der Inbegriff von typisch schwedischem Gebäck. Ein echter Klassiker, der nie aus der Mode kommt. Aber man kann diese Kanelbullar auch abwandeln: Zurzeit backe ich sie gern mit Dinkelmehl. Sie schmecken damit noch gehaltvoller.

Ergibt etwa 40 Stück

Für den Teig
50 g frische Hefe
100 g Butter
500 ml Vollmilch
100 ml heller Sirup oder 70 g Zucker
½ TL Salz
750 g Weizen- oder Dinkelmehl

Für die Füllung
50 g Butter, zimmerwarm
45 g Zucker
4 TL gemahlener Zimt

Zum Bestreichen
1 Ei
2 EL Hagelzucker

40 Muffinförmchen aus Papier

Für den Teig die Hefe in eine Schüssel bröckeln. Die Butter in einem Topf schmelzen, die Milch hinzugießen und handwarm erwärmen. Über die Hefe gießen und gut verrühren, bis sie sich auflöst. Sirup oder Zucker sowie Salz hinzugeben und das Mehl in kleinen Portionen einrühren, bis der Teig sich von der Schüssel löst. Den Teig bei Zimmertemperatur abgedeckt 30 Minuten gehen lassen.

In der Zwischenzeit die Zutaten für die Füllung vermischen. Den Teig nun durchkneten, bis er glatt und glänzend ist. In zwei gleich große Stücke teilen und jedes zu einem Rechteck ausrollen. Die Füllung darauf verteilen. Beide von der Längsseite her aufrollen und jeweils in 20 Stücke teilen.

Die Zimtschnecken mit der Schnittseite nach oben in die Papierförmchen legen und erneut 30 Minuten gehen lassen.

Den Backofen auf 250 °C (Ober-/Unterhitze) vorheizen. Die Schnecken mit dem verquirlten Ei bestreichen, mit Hagelzucker bestreuen und 6–8 Minuten backen, bis sie auch am Boden goldbraun sind. Auf einem Gitterrost auskühlen lassen.

HERBST

Margaretas kål & morot

GESÄUERTE MÖHREN MIT WEISSKOHL UND WACHOLDERGESCHMACK

Einmachen liegt im Trend. Wie schön, dass die alten Konservierungsmethoden wieder aktuell werden. Zudem ist es gesund und schmeckt gut. Achten Sie darauf, dass alle Utensilien sowie Gläser und Hände absolut sauber sind, damit das Kraut auch haltbar bleibt. Gesäuertes Gemüse isst man in Schweden gern zu kräftig geräucherten Würsten.

Ergibt 3 Gläser (à 1 Liter)

1 ½ kg Weißkohl
1 kg Möhren
1 Apfel
2 ½ EL Meersalz
1 EL Wacholderbeeren, zerdrückt

Den Kohl waschen, drei Außenblätter beiseitelegen. Den Kopf hobeln. Die Möhren und den Apfel schälen und grob raspeln. Alles in eine Schüssel geben, mit dem Salz vermischen und die Wacholderbeeren hinzufügen.

In ausgekochte Gläser füllen, 10 Minuten stehen lassen, bis das Gemüse etwas Saft gezogen hat und zusammensinkt. Dann wieder auffüllen, bis die Gläser zu 80 % gefüllt sind. Als Abschluss je ein Weißkohlblatt auflegen und alles mit einem Gewicht beschweren. Dazu kann man einen mit Wasser gefüllten Beutel nehmen. Es gibt auch spezielle Gewichte zur Milchsäuerung. Achten Sie immer darauf, dass das Gewicht sauber ist – Hygiene ist äußerst wichtig!

In den Gläsern sollte die Flüssigkeit 3–4 cm über dem Gemüse stehen. Reicht die Flüssigkeit nicht, 1 EL Salz mit 1 l kochendem Wasser mischen, abkühlen lassen und damit das Glas auffüllen. Den Deckel nur lose auflegen.

Bei 20–24 °C vier Tage, danach bei 15 °C zehn Tage stehen lassen. Dann wird die inzwischen eingesetzte Milchsäuregärung unterbrochen, indem man die Deckel ganz zuschraubt oder festklemmt. Achten Sie darauf, dass das Gemüse auch weiterhin von Flüssigkeit bedeckt ist, und lassen Sie die Gläser noch etwa 1 ½ Monate im Kühlschrank stehen.

EINGELEGTE PILZE MIT KRÄUTERKÄSE

In manchen Jahren schießen die Pilze nur so aus dem Boden! Sammeln Sie dann reichlich, um sie auch nach der Pilzsaison noch genießen zu können.

Für 4 Personen als Häppchen

500 g frische Pilze, z. B. Pfifferlinge
1–2 Frühlingszwiebeln
2 EL Rapsöl
1 TL Salz
1 TL schwarzer Pfeffer
150 ml heller Essig, z. B. aus Birkensaft oder Cider
75 ml Wasser
½ Bund glatte Petersilie
300 g Kräuterkäse

Die Pilze putzen und in kleinere Stücke schneiden. Frühlingszwiebeln waschen und in feine Ringe schneiden. Das Öl in einem Topf erhitzen und die Zwiebeln darin anschwitzen, ohne dass sie braun werden. Herausnehmen und zur Seite stellen. Nun die Pilze im Topf braten, salzen und pfeffern. Den Essig und das Wasser hineingießen und einmal kurz aufkochen lassen. Den Topf von der Kochplatte nehmen. Petersilie waschen, trocken schütteln und hacken, mit den Pilzen vermischen, wenn sie etwas abgekühlt sind. In ausgekochte Gläser füllen und diese im Kühlschrank aufbewahren.

Den Käse in dicke Scheiben schneiden und zusammen mit den eingelegten Pilzen servieren.

GRAVED LACHS MIT PREISELBEEREN

Das Beizen von Fisch ist eine traditionelle skandinavische Konservierungsmethode und Salz und Zucker oder Honig sind entscheidend für die Haltbarkeit. Die Würzung kann ganz unterschiedlich sein: vom klassischen Dill bis zu Preiselbeeren. Graved Lachs gehört zu jedem schwedischen Smörgås-Büfett und passt auch ausgezeichnet zu Salzkartoffeln mit Dill-Bechamelsauce.

Für 8–10 Personen

ca. 1 ½ kg Lachsfilet mit Haut
4 EL Salz
4 EL Honig
150 g frische oder aufgetaute Preiselbeeren
2 TL schwarzer Pfeffer, grob gemahlen
2 TL rote Pfefferbeeren nach Geschmack

Den Lachs einen Tag vor dem Beizen einfrieren. Wer will, kann den Lachs auch zuerst beizen, er sollte aber mindestens einen Tag eingefroren sein, bevor man ihn serviert.

Den Lachs auftauen, säubern und eventuell Gräten entfernen. Salz, Honig, Preiselbeeren und Pfeffer in einer kleinen Schüssel mischen und die Mischung auf der Lachsoberseite einarbeiten. Nach Geschmack auch rote Pfefferbeeren daraufgeben. Dann den Lachs mit der Hautseite nach außen zusammenfalten und in einen Gefrierbeutel geben. Den Beutel gut verschließen. In den Kühlschrank legen und so drei Tage lang beizen, gelegentlich den Beutel umdrehen. Danach den Lachs in dünne Scheiben schneiden und kalt mit frischem Brot servieren.

HERING MIT MOLTEBEEREN

Verschieden eingelegte Heringe haben in Schweden eine lange Tradition. Je nach Saison gibt es unterschiedliche Geschmacksrichtungen. Im Herbst nehme ich die kostbaren gelb-orangenen Moltebeeren, die mit ihrer frischen Säure gut zum Hering passen.

Ergibt 2 Gläser (à 300 ml)

200 ml verdünnter Einmachessig
90 g Zucker
1 Glas eingelegte Heringe, gewässert
1 Stück Lauch, ca. 10 cm
100 g Moltebeeren (alternativ Physalis, geschält und geviertelt)
3 Sternanis
3 Lorbeerblätter
2 TL gelbe Senfkörner
10 Pimentkörner

Den Essig wie auf der Flasche angegeben mit Wasser verdünnen, es müssen am Schluss 200 ml Flüssigkeit sein. Essig und Zucker in einem Topf aufkochen und umrühren, bis sich der Zucker gelöst hat, und auskühlen lassen.

Die Heringsfilets abspülen und in 1 ½ cm große Stücke schneiden. Den Lauch putzen, waschen und in dünne Ringe schneiden. Heringstücke und Lauch in ausgekochte Gläser schichten, mit der kalten Lake begießen und die Moltebeeren sowie die Gewürze im Glas verteilen.

Etwa zwei Tage kalt stellen und dann genießen.

HUMMERSALAT MIT OCHSENBRUST UND WURZELGEMÜSE

Als ich dieses Essen im Hotel Smögens Hafvsbad an der dänischen Küste serviert bekam, war ich hin und weg! Den köstlichen Hummergeschmack zusammen mit zarter Ochsenbrust kann man kaum beschreiben, man muss es probieren. Die Ochsenbrust wird nach einer Niedriggarmethode 12 Stunden lang im Ofen zubereitet und braucht etwas Vorplanung. Man kann Hummer und Ochsenbrust auch getrennt als Vorspeisen servieren.

Für 4 Personen

Für die Ochsenbrust
500 g gepökelte Ochsenbrust, gewässert
1 Knoblauchzehe
1 EL Rapsöl
100 ml Weißwein
50 ml Portwein
1 Zweig Rosmarin, gewaschen
1 Zweig Thymian, gewaschen
3 Lorbeerblätter
Salz
schwarzer Pfeffer

Für den Hummer
1–2 gekochte Hummer
½ Gurke
1 Frühlingszwiebel
1 Zitrone
Salz
schwarzer Pfeffer
½ EL Rapsöl
1 Knolle Sellerie
2 Möhren
2 EL Rapsöl
Öl zum Braten
30 g gehackte Haselnusskerne

Die Ochsenbrust aus dem Wasser nehmen und eventuell Sehnen und Fett entfernen. Den Backofen auf 80 °C (Ober-/Unterhitze) vorheizen. Knoblauch schälen, hacken und in einem ofenfesten Bräter in Öl anschwitzen. Wein und Portwein hinzugießen und aufkochen. Kräuter und Gewürze zugeben. Den Bräter von der Kochplatte nehmen. Das Fleisch hineinlegen und mit Wasser übergießen, bis es vollständig bedeckt ist. Den Deckel auflegen und den Bräter für 12 Stunden in den Ofen stellen.

Den Bräter aus dem Ofen holen und das Fleisch herausnehmen. Die Brühe aufbewahren. Das Fleisch abkühlen lassen und dann in möglichst dünne Scheiben schneiden.

Die Hummer schälen und die Hummerleber und bei Weibchen den Rogen herausnehmen und beiseitestellen. Das Hummerfleisch in Stücke schneiden und die Zangen teilen. Gurke und Zwiebel schälen und hacken. Vorsichtig mit dem Hummerfleisch mischen, die Zangen aber zum Garnieren aufbewahren.

Die Zitrone in eine Schüssel auspressen und mit etwas abgekühlter Brühe von der Ochsenbrust mischen. Mit Salz und Pfeffer abschmecken. Hummerleber und -rogen in etwas Rapsöl anbräunen und anschließend in dem Zitronendressing wenden.

Sellerie und Möhren schälen und klein schneiden. Die Hälfte des Selleries mit wenig Öl in einer Pfanne rösten, bis er etwas weich geworden ist. Das dauert einige Minuten. Dann pürieren und mit Salz und Pfeffer würzen. Anschließend den restlichen Sellerie zusammen mit den Möhrenstücken in der Pfanne rösten, bis sie noch leicht bissfest sind.

Die Ochsenbrust auf Tellern anrichten, etwas Selleriepüree auf das Fleisch geben und mit dem gerösteten Wurzelgemüse garnieren. Den Hummersalat daneben auflegen und mit einem Stück einer Hummerzange garnieren. Mit Haselnüssen bestreuen und etwas von dem Dressing über das Gericht träufeln.

MIESMUSCHELN MIT PETERSILIENWURZEL-SELLERIE-PÜREE

Schwedische Muschelliebhaber bevorzugen Miesmuscheln von der schwedischen Westküste. Um sie besonders zuzubereiten, kocht man sie in Apfelsaft und serviert dazu ein Petersilienwurzel-Sellerie-Püree!

Für 4 Personen als Vorspeise

1 kg frische Miesmuscheln mit Schale
300 ml Apfelsaft
1 rote Zwiebel
1 Bund glatte Petersilie
Salz
schwarzer Pfeffer
½ Knolle Sellerie (150 g)
1 Petersilienwurzel
50–100 g süße Sahne
3 EL hochwertiges Rapsöl
3 EL Wodka mit Apfelaroma

Als Beilage
frisches Bauernbrot

Die Muscheln abbürsten und den Bart entfernen. Alle Muscheln, die kaputt sind oder sich nicht schließen, wenn man daran klopft, sofort aussortieren.

Apfelsaft in einem Topf aufkochen. Zwiebel schälen und in Ringe schneiden, die Petersilie waschen, trocken schütteln und fein hacken. Die Zwiebel mit der Hälfte der Petersilie zum Apfelsaft geben. Mit Salz und Pfeffer abschmecken.

Sellerie und Petersilienwurzel schälen, in Stücke schneiden und in leicht gesalzenem Wasser kochen, bis sie ganz weich sind. Abgießen und das Gemüse pürieren. Sahne hinzugießen, bis das Püree schön cremig wird, und warm halten. Die restliche Petersilie mit dem Rapsöl pürieren.

Die Muscheln zum Apfelsaftsud geben. So lange kochen lassen, bis die Muscheln sich gerade öffnen, das dauert etwa 5 Minuten. Ganz zum Schluss den Apfelwodka hineintröpfeln lassen.

Die Muscheln entsorgen, die sich nicht geöffnet haben. Die anderen teilen und das Püree in die leeren Hälften füllen. Etwas Petersilienöl darüberträufeln und sofort mit frischem Brot servieren.

PRIMA
SURSTRÖMMING

SURSTRÖMMING

Der Geruch des Surströmmings hat schon so manchen in die Flucht geschlagen, denn es handelt sich um fermentierten Hering. Trotzdem will ich Sie dazu ermuntern, diese echt schwedische Spezialität zu probieren! Tunnbröd, ein dünnes, weiches Fladenbrot, und kleine Kartoffeln sind dazu ein Muss – wenn Sie mich fragen!

Für 4 Personen

700 g kleine Kartoffeln (Drillinge)
1–2 rote Zwiebeln
1 Dose Surströmming (aus dem Internet)
300 g Crème fraîche
4 große Stücke Tunnbröd (dünnes Fladenbrot)

Die Kartoffeln waschen und bei schwacher Hitze in leicht gesalzenem Wasser kochen; sie sollen nicht zerfallen. Die Zwiebeln schälen und in feine Scheiben schneiden.

Die Lake des eingelegten Surströmmings abgießen und den Fisch in eine Schüssel geben. Man kann ihn auch in der Dose servieren. Creme fraîche ebenfalls in ein Schälchen füllen und Kartoffeln, Zwiebeln und Tunnbröd so anrichten, dass jeder sich seinen Surströmming-Teller selbst zusammenstellen kann.

GERÖSTETES WURZELGEMÜSE MIT HAFERKÖRNERN UND RÄUCHERFLEISCH

Wurzelgemüse eignet sich ausgezeichnet zum Rösten, weil dabei die Aromen besonders gut hervorkommen. Zusammen mit Haferkörnern bildet das Gemüse eine vollständige Mahlzeit. Das Räucherfleisch kann auch weggelassen werden, wenn das Essen vegetarisch bleiben soll.

Für 4 Personen

4 Möhren, nach Möglichkeit in verschiedenen Farben
4 rote Beten
4 Topinambur
2 rote Zwiebeln
1 EL Honig
2 EL Rapsöl
Salz
schwarzer Pfeffer
150 g Vollkornhafer
100 g Räucherfleisch oder Bacon
80 g frischer Herbstspinat
1–2 bunte Beten, geputzt

Den Backofen auf 200 °C (Ober-/Unterhitze) vorheizen. Das Wurzelgemüse waschen und abbürsten, aber nicht schälen. In große Stücke schneiden. Zwiebeln schälen und in Spalten schneiden. Wurzelgemüse und Zwiebeln in eine ofenfeste Form geben. Honig und Öl verrühren und über das Gemüse träufeln. Kräftig salzen und pfeffern. Auf der mittleren Schiene im Ofen 40 Minuten rösten.

Die Haferkörner nach Packungsangabe kochen. Das Fleisch in kleine Würfel schneiden und in einer Pfanne ohne Fett anbraten. Das geröstete Gemüse in eine Schüssel geben. Haferkörner, Fleisch und zum Schluss den Spinat hinzufügen. Die bunten Beten fein hobeln und dazugeben.

FISCH VOM GRILL MIT KÄSE UND MARÄNENKAVIAR

Eine echte Delikatesse ist der schwedische Maränenkaviar. Es ist der orangefarbene Rogen der kleinen Maräne, die in skandinavischen Süß- und Brackgewässern lebt. Sogenannte Mandelkartoffeln, wie man sie in Schweden liebt, sind mehlig und werden deshalb meist mit Schale serviert.

Für 4 Personen

4 Saiblinge oder Lachsforellen
100 g frische Champignons
¼ Knolle Sellerie (75 g)
1 Schalotte
50 g kräftiger Hartkäse (Västerbotten)
10–15 kleine Dillblüten
Salz
schwarzer Pfeffer
etwas Rapsöl
1 kg Mandelkartoffeln (alternativ Drillinge)
50 g Butter
300 g junge grüne Bohnen oder gelbe Wachsbohnen
50 g Maränenkaviar (Löjrom)

Den Grill vorheizen. Die Fische putzen und innen auswaschen. Champignons putzen und klein schneiden, Sellerie und Schalotte schälen und fein hacken.

Den Käse reiben. Die Hälfte der Dillblüten mit Champignons, Sellerie, Schalotte und Käse in einer Schüssel vermischen. Diese Mischung als Füllung in die Fische geben, zuklappen und mit Zahnstochern verschließen. Mit Salz und Pfeffer würzen und die Fische außen leicht einölen.

Die Kartoffeln waschen und bei schwacher Hitze vorsichtig in leicht gesalzenem Wasser weich kochen; sie sollen nicht zerfallen. Dann abgießen, die Kartoffeln abdampfen lassen und die Butter hinzufügen. Die restlichen Dillblüten untermischen.

Die Fische nun auf den Grill legen und nur so lange grillen, bis sie gerade gar sind; sie sollen nicht trocken werden oder auseinanderfallen.

Die Bohnen putzen und ein paar Minuten in leicht gesalzenem Wasser dünsten. Die gegrillten Fische mit Butterkartoffeln, Bohnen und einem Klecks Maränenkaviar servieren.

TJÄLKNÖL – GEBEIZTER ELCHBRATEN

Dieses ursprünglich nordschwedische Gericht erhielt seinen Namen (wörtlich: Frostknolle), weil man das Fleisch gefroren in den Backofen legt. Dort gart es über Nacht bei niedriger Temperatur – einfacher geht es kaum! Man muss zwar etwas im Voraus planen, aber dann geht es fast von selbst. Als kalt aufgeschnittener Braten zusammen mit warmem Pfifferling-Kartoffel-Salat schmeckt es wunderbar.

Für 4 Personen

1 kg tiefgefrorenes Elchfleisch aus der Oberschale
(alternativ Hirsch- oder Rinderbraten)
1 l Wasser
100 g Salz
2 EL Zucker
1 Lorbeerblatt
1 TL schwarzer Pfeffer, zerstoßen
2 EL Wacholderbeeren, zerstoßen

Als Beilage
100 g Moltebeeren
3 EL Whisky
warmer Pfifferling-Kartoffel-Salat (s. S. 81)

Das tiefgefrorene Fleisch auf einem Rost auf ein tiefes Backofenblech legen und auf der untersten Schiene in den kalten Backofen schieben. Den Ofen auf 100 °C (Ober-/Unterhitze) erwärmen. Nach ein paar Stunden ein Bratthermometer in das aufgetaute Fleisch schieben; der Braten ist fertig, wenn das Thermometer 65 °C anzeigt. Das dauert ungefähr 9–10 Stunden.

Nach dem Garen des Fleisches Wasser, Salz, Zucker, Lorbeerblatt, Pfefferkörner und Wachholderbeeren in einem Topf mischen und aufkochen. Den Braten in eine Schüssel geben. Dann mit der heißen Lake übergießen und mit einem Deckel abdecken. Das Fleisch in der Lake an einem kühlen Ort 4–5 Stunden ziehen lassen. In der Zwischenzeit die Moltebeeren im Whisky marinieren.

Das Fleisch herausnehmen, trocken tupfen und in dünne Scheiben schneiden. Zusammen mit den Beeren und dem Pfifferling-Kartoffel-Salat servieren.

WARMER PFIFFERLING-KARTOFFEL-SALAT

Für 4 Personen als Beilage

1 kg kleine Kartoffeln
Salz
300 g Pfifferlinge (möglichst Trompetenpfifferlinge)
2 EL Butter
schwarzer Pfeffer
400 g grüne oder lila Blumenkohlröschen, gewaschen
3 EL Birkensaftessig oder Cideressig
2 EL Rapsöl

Die Kartoffeln waschen und abbürsten, aber nicht schälen. In kräftig gesalzenem Wasser weich kochen und gut abtropfen lassen.

Die Pilze putzen und teilen. In einer heißen Pfanne in Butter anbraten, mit Salz und Pfeffer abschmecken. Die Blumenkohlröschen nur kurz in leicht gesalzenem kochendem Wasser dämpfen, damit sie ihren knackigen Biss behalten. Blumenkohl, Kartoffeln und Pilze vorsichtig mischen. Essig und Öl zu einer Marinade verrühren und den Salat damit beträufeln.

Zum Beispiel zu Tjälknöl (s. S. 79) servieren.

HAGEBUTTENSUPPE MIT MANDELBLÄTTCHEN

Selbst gemachte Hagebuttensuppe lässt sich mit einer gekauften Suppe überhaupt nicht vergleichen. Der Unterschied beginnt schon, wenn man beim Spaziergang die Hagebutten sammelt. Dann werden sie gesäubert, entkernt und bei Zimmertemperatur getrocknet.

Für 4–6 Personen

ca. 200 g getrocknete Hagebuttenschalen
1 ½ l Wasser
1 Vanilleschote
90 g Zucker
2 TL Kartoffelmehl

Zum Garnieren
geschlagene Sahne
geröstete Mandelblättchen

Die getrockneten Hagebuttenschalen mindestens 2 Stunden in ½ Liter Wasser einweichen. Dann in dem Einweichwasser aufkochen. Die Vanilleschote aufschlitzen und das Mark herauskratzen; Schote und Mark zusammen mit den Hagebutten etwa 20 Minuten kochen, bis sie weich sind.

Die Hagebutten pürieren und durch ein feines Sieb passieren. Das restliche Wasser mit dem Zucker aufkochen und das Püree hineingeben und verrühren. Kartoffelmehl mit etwas kaltem Wasser anrühren und in feinem Strahl in den Topf gießen. Die Hagebuttensuppe unter Rühren noch einmal kurz aufkochen und dann bis zum Servieren kalt stellen. Mit Schlagsahne und Mandelblättchen garniert servieren.

EINGEKOCHTE PFLAUMEN MIT HONIGJOGHURT

In guten Jahren wachsen die Pflaumen so reichlich, dass man die Ernte kaum verarbeiten kann. Dann sind eingekochte Pflaumen eine gute Möglichkeit, um sie für spätere Tage haltbar zu machen! Außerdem ergeben sie ein köstliches Dessert, das ich hier mit süßsaurem Honigjoghurt serviere.

Für 4 Personen

1 kg Pflaumen
½ Zitrone
180 g Zucker
500 ml Wasser
300 g Joghurt (falls erhältlich Filmjölk, schwedische Sauermilch)
2–3 EL Honig

Die Pflaumen waschen und die Stiele entfernen. Zitrone auspressen und den Saft mit Zucker und Wasser aufkochen. Etwa 5 Minuten köcheln lassen. Die Pflaumen hineinlegen und für ein paar Minuten ziehen lassen, bis sie etwas weich geworden sind – sie sollen aber nicht zerfallen. In der Lake abkühlen lassen.

Bei Verwendung von Filmjölk diese für mehrere Stunden im Kühlschrank durch einen Kaffeefilter abtropfen lassen. Joghurt oder Filmjölk mit dem Honig verrühren. Die eingekochten Pflaumen herausnehmen, auf einem Teller anrichten und zusammen mit dem Honigjoghurt oder der Honig-Filmjölk servieren.

ÄGGOST MIT BROMBEEREN

Äggost (Eierkäse) ist ein traditionelles Dessert aus Südschweden. Wenn die Milch-Sahne-Mischung über Nacht abgetropft ist, hat man für den Festtag bereits ein wunderbares Dessert. Seine Konsistenz ähnelt Hüttenkäse.

Für 4–6 Personen

1 l Vollmilch
150 g süße Sahne
4 Eier
300 g Creme fraîche
2 EL Zucker
100–150 g frische Brombeeren
2 EL Punsch oder süßer Dessertwein
einige Minzeblättchen, gewaschen

Milch und Sahne in einem Topf bis kurz vor dem Siedepunkt erhitzen. Die Eier mit Creme fraîche verrühren und vorsichtig zur Sahnemilch in den Topf gießen. Unter ständigem Rühren etwa 5 Minuten köcheln lassen, bis sich die Masse teilt. Den Topf von der Kochplatte nehmen und 15 Minuten stehen lassen. Nun die bröckelige Masse zusammen mit dem Zucker in ein mit einem Geschirrtuch ausgelegtes Sieb schichten. Kühl stellen und über Nacht abtropfen lassen.

Die Brombeeren waschen und mindestens 2 Stunden in dem Punsch oder Dessertwein marinieren. Minzeblättchen hacken und daruntermischen. Den fertigen Äggost mit den marinierten Brombeeren in Gläser geben und sofort servieren.

HOLUNDERBEEREN-CHUTNEY

Wer im Frühsommer Sirup aus den duftenden Holunderblüten kocht, freut sich im Herbst auf die schwarzen Holunderbeeren, aus denen man ein köstlich würziges Chutney machen kann! Das Chutney passt zu vielem, besonders zu Käse.

Ergibt 4 Gläser (à 250 ml)

etwa 500 g Holunderbeeren
2 Knoblauchzehen
1 rote Zwiebel
¼–1 Chilischote
2 cm frischer Ingwer
90 g brauner Farinzucker
300 ml Cideressig
1 Zitrone

Die Holunderbeeren putzen. Knoblauch und Zwiebel schälen und fein hacken. Chilischote waschen und klein schneiden, den Ingwer schälen und fein reiben. Alles zusammen in einen Topf geben. Den Zucker und den Essig hinzufügen und den Zitronensaft hineinpressen.

Alles vermischen und bei schwacher Hitze unter ständigem Rühren etwa 15 Minuten kochen. Anschließend in ausgekochte Gläser füllen und im Kühlschrank lagern. So hält das Chutney mehrere Monate.

VOGELBEER-APFEL-GELEE

Der herbe Geschmack der Vogelbeeren verschwindet, sobald sie einmal Frost abbekommen haben. Man kann sie aber bereits pflücken, solange sie noch schön fest sind, dann friert man sie kurz ein und kocht dann Gelee daraus. Dieses Wildbeerengelee schmeckt fantastisch zu Steaks aller Art, besonders zu Wildfleisch.

Ergibt 1 Glas (300–400 ml)

etwa 500 g Vogelbeeren
2 mittelgroße Äpfel
500 ml Wasser
ca. 400 g Gelierzucker 1:1

Die Beeren putzen. Die Äpfel in Spalten schneiden, Schale und Kerngehäuse aber nicht entfernen. Das Wasser in einen Topf gießen, Beeren und Äpfel hineingeben und zugedeckt etwa 10 Minuten aufkochen. Beeren und Äpfel sollen dabei zerfallen. Ein Safttuch über einen zweiten Topf spannen und den Fruchtbrei in den Topf abtropfen lassen. Anschließend die Saftmenge abmessen und mit derselben Menge Gelierzucker aufkochen. 10–20 Minuten unter Rühren köcheln lassen. Auf einen Löffel etwas Gelee geben, einen Schnitt in die Mitte machen – bleibt der Schnitt erhalten, ist das Gelee fertig. In ein ausgekochtes Glas abfüllen und gut verschließen.

APFELKUCHEN MIT KARDAMOMSCHAUM

In vielen schwedischen Gärten tragen die Apfelbäume im Herbst viele Früchte. Dann gibt es die besten Apfelkuchen. Man kann dazu gut das Fallobst oder Äpfel mit kleinen Macken verarbeiten. Schneiden Sie dazu alle braunen Stellen sorgfältig heraus. Ich mache dazu gern einen leichten Milchschaum.

Für 6 Personen

Für den Kuchen
50 g Butter
6 Äpfel
1 unbehandelte Zitrone
4 EL Zucker
45 g Dinkelmehl
45 g Paniermehl
50 g Mandelblättchen

Für den Kardamomschaum
300 ml Vollmilch
1 TL Zucker
1 gestr. TL gemahlener Kardamom

Den Backofen auf 175 °C (Ober-/Unterhitze) vorheizen. Eine ofenfeste Form einfetten. Die Äpfel waschen und die Kerngehäuse entfernen. Fruchtfleisch in Scheiben schneiden und in die Form legen. Die Zitronenschale abreiben und zusammen mit dem Zucker über die Äpfel streuen. Mehl mit Paniermehl mischen und über die Äpfel geben. Die restliche Butter in kleinen Flöckchen zusammen mit den Mandelblättchen darauf verteilen. Etwa 30 Minuten auf der mittleren Schiene im Ofen backen, bis der Kuchen goldbraun ist.

Für den Schaum die Milch mit Zucker und Kardamom in einem Topf auf dem Herd bei starker Hitze zu Milchschaum mixen. Sofort zusammen mit dem lauwarmen Kuchen servieren.

WILDER WALDMEISTERSCHNAPS

Waldmeister wächst an vielen Stellen wild. Er hat ein feines Aroma, in dem sich Bitterstoffe und Süße mischen. Sein charakteristischer Geschmack kommt vom Kumarin, das nur in kleinen Mengen konsumiert werden sollte. Nach diesem Rezept kann man auch andere Schnäpse herstellen, zum Beispiel aus Wermut oder aus Blättern von schwarzen Johannisbeeren.

Ergibt 1 Flasche (etwa 300 ml)

250 ml Wodka
50 ml kaltes Wasser
1 TL Honig
3–4 getrocknete Waldmeisterblätter

Wodka und Wasser in eine ausgekochte Flasche gießen. Den Honig hinzufügen und leicht schütteln. Die Waldmeisterblätter hineingeben und eine Woche stehen lassen.

Den Schnaps probieren: Soll er noch kräftiger schmecken, kann man die Blätter noch länger ziehen lassen. Danach die Waldmeisterblätter entfernen; ein Blatt kann zur Dekoration darin bleiben. Je mehr Blätter darin liegen, desto stärker wird der Geschmack.

WINTER

KABELJAU MIT MEERRETTICH, GERÄUCHERTEN ÄPFELN UND SCHWARZWURZELN

In den kalten nordischen Gewässern fühlt sich der Kabeljau am wohlsten. Hier lade ich zu einem Klassiker ein, der mit geräucherten Äpfeln und Schwarzwurzeln ganz neue Beilagen erhält.

Für 4 Personen

2 Äpfel, gewaschen
800 g Kartoffeln (vorzugsweise La Ratte)
4 Schwarzwurzeln
4 Kabeljaufilets (à 150 g) ohne Gräten
150 g Butter plus etwas zum Braten
Salz
schwarzer Pfeffer
7 cm frische Meerrettichwurzel

Wenn möglich, einen Räucherofen vorbereiten. Alternativ später die Äpfel kurz zusammen mit dem Fisch im Ofen garen. Die Äpfel in Spalten schneiden und die Kerngehäuse entfernen. Die Apfelspalten in den Räucherofen geben, bis sie weich sind.

Den Backofen auf 150 °C (Ober-/Unterhitze) vorheizen. Die Kartoffeln abbürsten und in leicht gesalzenem Wasser kochen. Schwarzwurzeln schälen und in dünne Scheiben schneiden. Zusammen mit dem Fisch kurz in etwas Butter in der Pfanne bräunen. Eine ofenfeste Form einfetten und beides hineinlegen, salzen und pfeffern. Auf der unteren Schiene des Ofens garen, bis der Fisch durch und die Schwarzwurzel weich ist. Je nach Größe der Fischstücke dauert das unterschiedlich lange.

In der Zwischenzeit die Butter klären, indem man sie in einem Topf schmilzt und den Schaum abschöpft. Die Meerrettichwurzel schälen und fein reiben.

Den Fisch mit den Schwarzwurzeln und den Äpfeln auf Tellern anrichten. Mit der Butter beträufeln und mit dem Meerrettich garnieren. Dazu die Salzkartoffeln reichen.

RENTIER-CARPACCIO MIT TRÜFFELN UND KÄSE-CRUNCH

Geräuchertes Rentierfleisch wird im Samischen Souvas genannt. Traditionell wird das Fleisch auch gesalzen und getrocknet, um es lange haltbar zu machen. Heutzutage gilt Souvas als Delikatesse. Hier habe ich ein leicht geräuchertes und getrocknetes Rentierfilet verarbeitet, das im Mund förmlich dahinschmilzt.

Für 4 Personen

300–400 g leicht geräuchertes und getrocknetes Rentierfilet
(alternativ Hirsch- oder Rehfilet)
100 g würziger Käse (vorzugsweise Västerbotten-Käse)
ca. 25 g frische Trüffeln
3 EL Birkensaftessig oder Cideressig
3 EL Moltebeeren, gewaschen
Erbsensprossen

Das Filet putzen und in hauchdünne Scheiben schneiden.

Den Backofen auf 200 °C (Ober-/Unterhitze) vorheizen. Den Käse grob reiben und auf einem mit Backpapier ausgelegten Blech verteilen. Den Käse im Ofen schmelzen. Herausnehmen, auskühlen lassen und in kleine Stücke brechen.

Die Trüffeln hobeln. Essig und Moltebeeren zusammen pürieren. Die Erbsensprossen auf die vier Teller geben. Das Rentierfilet darauf verteilen, mit den gehobelten Trüffeln garnieren und etwas Käse-Crunch darübergeben. Moltebeerenessig darüberträufeln und servieren.

KÖTTBULLAR MIT SAHNESAUCE UND KARTOFFELN

Gibt es etwas, das mehr lagom ist als Köttbullar? In vielen schwedischen Familien kommen sie regelmäßig auf den Tisch. Außerdem ist ein schwedisches Büfett kein echtes Smörgåsbord ohne die Fleischbällchen.

Für 4 Personen

Für die Köttbullar
2 mehligkochende Kartoffeln
400 g gemischtes Hackfleisch
50 ml Vollmilch
¼ Zwiebel
½–1 TL Salz
½ TL weißer Pfeffer, frisch gemahlen
1 Ei
2 EL Butter

Für die Sauce
2 EL Weizenmehl
400 ml Kartoffelkochwasser oder Wasser
1 EL Fleischfond
100 g süße Sahne
1 TL Sojasauce
Salz
schwarzer Pfeffer

Als Beilagen
Salzkartoffeln
Preiselbeerkonfitüre (s. S. 107)

Die Kartoffeln schälen und ganz weich kochen, abgießen und abkühlen lassen. Hackfleisch in eine Schüssel geben. Die Kartoffeln durch eine Presse drücken und zusammen mit der Milch hinzufügen. Zwiebel schälen und fein reiben, ebenfalls zugeben und mit Salz und Pfeffer gut würzen. Das Ei hineingeben und alles zu einer geschmeidigen Masse verarbeiten. Zu Bällchen formen und nach und nach in einer Pfanne in Butter braten. Fertige Fleischbällchen warm halten.

Für die Sauce das Mehl unter Rühren in die Pfanne geben. Wasser zugießen und stets weiterrühren, damit sich keine Klumpen bilden. Den Fond und die Sahne mit einem Schneebesen unterziehen. 3–5 Minuten köcheln lassen, bis das Mehl bindet und dann die Sojasauce hinzufügen. Mit Salz und Pfeffer abschmecken.

Die Köttbullar mit der Sauce, Salzkartoffeln und Preiselbeerkonfitüre (s. S. 107) servieren.

PREISELBEERKONFITÜRE

Die Konfitüre erhält eine stärkere Farbe, wenn Sie den Zucker erst einrühren, nachdem die Beeren aufgekocht sind. Sie hat die richtige Süße, wenn der charakteristische leicht bittere Geschmack der Wildbeeren noch durchkommt. Für die Schweden gehört die Konfitüre unbedingt zu Köttbullar (s. S. 105). Probieren Sie aber auch einmal einen Löffel Konfitüre zu einem Wildbraten.

Ergibt 4 Gläser (à 250 ml)

1 kg frische Preiselbeeren
100 ml Wasser nach Bedarf
450 g Zucker oder Rohzucker

Die Preiselbeeren gut putzen und dabei kleine Blätter sowie überreife und schlechte Beeren aussortieren. Die Beeren waschen und in einen Topf geben. Bei schwacher Hitze zunächst ohne Wasser aufkochen. Sollten die Beeren nicht genug Saft abgeben, noch das Wasser zugießen. Bei mittlerer Hitze köcheln lassen, bis die Beeren weich sind.

Den Topf von der Kochplatte nehmen, den Zucker unterrühren, bis er sich aufgelöst hat. Dann die Konfitüre in ausgekochte Gläser füllen und diese sofort verschließen. Im Kühlschrank lagern.

Tipp: Füllen Sie die Konfitüre in Kunststoffbehälter und frieren Sie sie ein!

GROBES HASELNUSSBROT

Haselnusssträucher wachsen wild bis nach Mittelschweden. Im Herbst kann man die Nüsse sammeln und getrocknet lange verarbeiten. Anders als bei wilden Beeren, die man in Schweden nach dem jahrhundertealten Jedermannsrecht pflücken darf, benötigt man für das Sammeln von Nüssen die Erlaubnis des Grundbesitzers. Ich mache dieses Brot mit fertigem Sauerteig, mit dem es etwa 4 Stunden dauert. Wählen Sie zusätzliche Gewürze und Zutaten ganz nach Wunsch – geriebene Möhren oder Brotgewürz schmecken beispielsweise gut darin!

Ergibt 2 große Laibe

200 g Roggensauerteigansatz
50 g frische Hefe
500 ml kaltes Wasser
420 g feines Roggenmehl
130 g Haselnusskerne, grob gehackt
1 TL Salz
ca. 440 g Dinkelmehl

Den Sauerteigansatz in eine Schüssel geben. Die Hefe hineinbröckeln und Wasser hinzugießen. Dann das Roggenmehl untermischen und zugedeckt 1 Stunde bei Zimmertemperatur gehen lassen. Die Haselnüsse zusammen mit dem Salz und dem Dinkelmehl nach und nach einarbeiten, bis sich der Teig von der Schüssel löst. Abgedeckt weitere 45 Minuten gehen lassen.

Aus dem Teig zwei Laibe formen, auf ein mit Backpapier belegtes Backblech geben und abgedeckt 1 Stunde gehen lassen.

In der Zwischenzeit den Backofen auf 225 °C (Ober-/Unterhitze) vorheizen. Eine Schale Wasser auf den Boden des Ofens stellen. Nun die Brote in den Ofen schieben und die Hitze auf 200 °C reduzieren. Etwa 40 Minuten backen, bis sie goldbraun sind und leicht hohl klingen, wenn man auf die Unterseite klopft. Auf einem Rost unter einem Tuch abkühlen lassen.

Übrigens: Das meistgekaufte Brot in Schweden ist Lingongrova, ein saftiges Bauernbrot mit dem Aroma von Preiselbeersaft. Backen Sie Ihr eigenes Preiselbeerbrot, indem Sie die Haselnüsse durch Preiselbeeren ersetzen!

KARAMELLBONBONS MIT RÖSTMANDELAROMA

Zu Weihnachten gehören in Schweden nicht nur Plätzchen, sondern auch selbst gemachte Süßigkeiten wie diese Karamellbonbons einfach dazu.

Ergibt 35 Stück

3 EL Mandelblättchen
100 ml heller Sirup
90 g Zucker
100 g süße Sahne
1 ½ EL Butter

35 kleine Pralinenförmchen

Die Mandelblättchen kurz in einer heißen Pfanne ohne Fett rösten. Nun Sirup, Zucker und Sahne in einem Topf aufkochen. Bei schwacher Hitze etwa 45 Minuten köcheln lassen, bis die Masse eingekocht ist. Als Test dann die Kugelprobe machen: Dazu einen Tropfen Karamellmasse in ein Glas mit kaltem Wasser tropfen lassen. Lässt er sich zur Kugel formen, ist die Karamellmasse fertig eingekocht. Jetzt noch Butter und Mandeln untermischen und die Karamellmasse in die Förmchen füllen. Vorsicht: Sie ist sehr heiß!

Die Karamellbonbons kalt stellen, bis sie hart geworden sind, und dann in einer dicht schließenden Dose im Kühlschrank aufbewahren.

LUSSEKATTER – LUCIA-KÄTZCHEN

Der Name Lucia stammt vom lateinischen lux (Licht). In Schweden feiert man am 13. Dezember das Fest der Heiligen Lucia, verkörpert durch ein Mädchen mit einer Lichterkrone. Es bringt die Lussekatter, ein saftiges Gebäck. Durch Quark und Sirup werden die Hefeteilchen schön saftig. Früher verwendete man Dinkelmehl, dies wird heute wieder neu entdeckt. Probieren Sie es und verwenden Sie so wenig Mehl wie möglich.

Ergibt 16 Stück oder 1 großen Kranz

75 g Butter
250 ml Vollmilch
25 g frische Hefe
50 g Quark (10 % Fett)
½–1 g Safran
100 ml heller Sirup oder 90 g Zucker
1 TL Backpulver
385–440 g Dinkelmehl
32 Rosinen
1 Ei

Die Butter in einem Topf schmelzen. Die Milch dazugießen und lauwarm erhitzen. Die Hefe in eine Schüssel bröckeln, die Milchmischung darübergießen und gut vermischen. Quark, Safran, Sirup oder Zucker und Backpulver unter Rühren hinzufügen. Das Mehl nach und nach einarbeiten, bis der Teig sich von der Schüssel löst. Möglichst wenig Mehl verarbeiten. Mit einem Tuch abdecken und bei Zimmertemperatur 45 Minuten gehen lassen.

Den Teig durchkneten, bis er geschmeidig ist und glänzt, und in 16 Stücke teilen. Jedes davon zu einem etwa 20 cm langen Strang rollen und von den Enden her schneckenförmig aufrollen – das eine Ende im Uhrzeigersinn, das andere gegen den Uhrzeigersinn. Die eingerollten Lucia-Kätzchen mit etwas Zwischenraum auf mit Backpapier belegte Backbleche setzen, jeweils eine Rosine in jedes Schneckenende drücken und das Gebäck abgedeckt weitere 30 Minuten gehen lassen.

In der Zwischenzeit den Backofen auf 225 °C (Ober-/Unterhitze) vorheizen. Leicht auf die Lucia-Kätzchen drücken, um zu sehen, ob sie fertig aufgegangen sind: Wenn die Delle schnell verschwindet, sind sie backfertig. Das Ei verquirlen und die Oberseite des Gebäcks damit bestreichen. Je ein Blech auf der mittleren Schiene des Ofens 8–10 Minuten backen, bis die Lucia-Kätzchen goldbraun sind. Dann auf einem Rost mit dem Tuch abgedeckt abkühlen lassen.

Für einen Kranz die Lucia-Kätzchen auf einem Blech dicht zu einem ovalen Kranz legen. Auch hier den Kranz zugedeckt etwa 30 Minuten gehen lassen. Vor dem Backen mit dem Ei bestreichen.

Dann bei 200 °C (Ober-/Unterhitze) 10–12 Minuten backen. Den Kranz mit dem Tuch abgedeckt auf einem Rost abkühlen lassen.

KNUSPRIGE PFEFFERKUCHEN

Es ist gar nicht schwer, Pfefferkuchenteig selbst zu machen. Man muss nur etwas im Voraus planen, denn der Teig muss über Nacht im Kühlschrank ruhen. Gehen Sie es gemütlich an, dann rollt sich der Teig fast von allein aus!

Ergibt 150–200 Stück

150 g Butter
180 g Zucker
125 ml heller Sirup
1 ½ TL gemahlener Ingwer
1 ½ TL gemahlene Nelken
1 TL gemahlener Zimt
1 TL Natron
1 Ei
400 g Weizenmehl plus etwas zum Ausrollen

Ausstechformen

Die Butter in einem Topf schmelzen. Zucker und Sirup hinzufügen und alles zusammen bei schwacher Hitze erwärmen. Gelegentlich umrühren, bis alles gut vermischt ist.

Die Masse dann in eine Schüssel geben und die Gewürze sowie das Natron hinzufügen. Das Ei hineinschlagen und alles verrühren. Das Mehl nach und nach einarbeiten, bis ein glatter Teig entsteht, er sollte locker und ziemlich klebrig sein. Abgedeckt über Nacht in den Kühlschrank stellen.

Den Backofen auf 200 °C (Ober-/Unterhitze) vorheizen. Jeweils ein Stück Teig abschneiden, auf einer leicht bemehlten Arbeitsfläche ausrollen und mit den Ausstechformen Figuren ausstechen. Die Pfefferkuchen mit etwas Abstand auf ein mit Backpapier belegtes Blech setzen und 5–7 Minuten backen.

Die noch weichen Pfefferkuchen vorsichtig vom Blech nehmen und auf einem Rost abkühlen lassen. Mit dem Rest des Teiges ebenso verfahren. Die Pfefferkuchen nach und nach backen.

In einer Dose mit gut schließendem Deckel aufbewahren.

SAMBUCUS-GLÜHWEIN

Sambucus ist der lateinische Name für die Holundergewächse. Mit Holundersirup lässt sich auch ein schwedischer Glühwein herstellen, der etwas weniger Alkohol enthält als der echte Glögg. Man genießt ihn warm im Advent zusammen mit Pfefferkuchen *(s. S. 115).*

Ergibt 1 Flasche (ca. 1 l)

300 ml Holundersirup, unverdünnt
10 Wacholderbeeren
½ Vanilleschote
750 ml trockener Weißwein
5 cl Wodka nach Geschmack

Holundersirup zusammen mit den Wacholderbeeren aufkochen. Die Vanilleschote längs halbieren, das Mark herauskratzen und Mark sowie die Schote in den Topf legen. Den Topf von der Kochplatte nehmen und alles zusammen etwa 2 Stunden ziehen lassen. Dann durch ein feines Sieb gießen.

Zusammen mit dem Wein und nach Geschmack mit dem Wodka erhitzen, ohne dass es kocht. Dann sofort in Glühweinbechern servieren.

KNÄCKEBROT MIT LEINSAMEN

Knäckebrot gehört einfach zum schwedischen Smörgås-Büfett dazu. Mit selbst gebackenem Brot wird es besonders stilecht. Hier habe ich meinem Grundrezept noch Leinsamen hinzugefügt. Dieser wurde lange Zeit in Schweden angebaut. Natürlich können Sie statt Leinsamen auch Dill, Kümmel oder ein anderes Gewürz nehmen, je nachdem, zu was das Knäckebrot passen soll.
Früher hängte man das Brot zum Trocknen an die Decke, daher hat es ein Loch in der Mitte. Ich finde, so sieht es schön aus, auch wenn wir es heute nicht mehr aufhängen. Die Innenkreise kann man als Miniknäckebrot zur Käseplatte servieren!

Ergibt 25–40 Stück

25 g Hefe
200 ml handwarmes Wasser
50 ml Rapsöl
½ TL Salz
60 g Leinsamen
120 g Roggenmehl
ca. 375 g Dinkelmehl
flockiges Meersalz nach Geschmack

Den Backofen auf 200 °C (Ober-/Unterhitze) vorheizen. Die Hefe in eine Schüssel bröckeln, das Wasser hinzufügen und verrühren, bis sich die Hefe aufgelöst hat. Rapsöl, Salz, Leinsamen und Roggenmehl hinzufügen. Dann das Dinkelmehl nach und nach einarbeiten, bis der Teig sich von der Schüssel löst. Glatt und geschmeidig kneten und zu einer langen Rolle formen. Diese in 25–40 Stücke teilen und zu rundlichen Brötchen formen. Etwas Mehl auf die Arbeitsplatte streuen und jedes zu einem dünnen Fladen mit etwa 15 cm Durchmesser ausrollen. Wer mag, sticht mit einem Glas ein Loch aus. Die runden Brotscheiben auf ein mit Backpapier belegtes Blech legen, auch die kleinen Innenkreise dazulegen. Nach Geschmack mit Meersalz bestreuen. Etwa 5 Minuten backen, aber gut beobachten, dass sie nicht verbrennen. Auf einem Gitterrost auskühlen lassen.

Wenn alle gebacken sind, können Sie das Gitter mit dem Brot nochmals in den Ofen schieben und in der Restwärme (50 °C) nachtrocknen lassen. Wenn das Knäckebrot ganz innen auch nur ein wenig feucht ist, wird es schnell weich und ist nicht so lange haltbar. Ein vollständig trockenes Knäckebrot kann man mehrere Monate in einer gut schließenden Dose aufbewahren.

SCHOKOLADENBREZELN MIT NÜSSEN

Früher hing vor jeder Bäckerei ein Schild in Brezelform. Diese schöne alte Form gilt es wieder in Erinnerung zu rufen! Hier backe ich die leckeren Brezeln mit Schokolade und Nüssen.

Ergibt 30 Stück

100 g Butter
3 EL brauner Farinzucker
2–3 EL Kakaopulver
150 g Weizenmehl
25 ml Wasser
30 g Haselnusskerne

Butter, Zucker, Kakao, Mehl und Wasser zu einem Mürbeteig verarbeiten. Abdecken und mindestens 1 Stunde im Kühlschrank ruhen lassen.

Den Backofen auf 200 °C (Ober-/Unterhitze) vorheizen. Den Teig zu einer langen Rolle formen und in 30 Stücke teilen. Am einfachsten teilt man den Teig erst in der Mitte und dann jedes Teil in drei Stücke. Zum Schluss jedes kleine Stück in fünf gleich große Stücke teilen. So erhält man 30 Stücke, die alle gleich groß sind.

Jedes der Teigstücke zu einer 15 cm langen stiftdicken Rolle ausrollen und zu einer Brezel formen. Die Haselnüsse sehr fein hacken und die Brezeln darin wälzen. Auf ein mit Backpapier belegtes Backblech legen und auf der mittleren Schiene des Ofens etwa 8 Minuten backen. Das Gebäck ist fertig, wenn es eine schöne Farbe angenommen hat.

Auf einem Gitterrost abkühlen lassen. Die Brezeln kann man in einer gut schließenden Dose ein paar Wochen aufbewahren; tiefgefroren halten sie noch viel länger!

SEMLOR

Am Fettisdag (Fastnachtdienstag) gibt es in ganz Schweden die köstlichen süßen Semlor, die mit Marzipansahne gefüllt werden. In früheren Zeiten war es die letzte süße Speise vor der Fastenzeit und da wollte man sich noch einmal richtig satt essen. Bis heute genießen die Schweden ihre süßen Teilchen; in einigen Landesteilen isst man sie aus tiefen Tellern mit warmer Milch und nennt sie dann auch heiße Wecken.

Ergibt 30 Stück

100 g Butter
500 ml Vollmilch
50 g Hefe
100 g Quark (10 % Fett), zimmerwarm
100 ml heller Sirup oder 90 g Zucker
2 Prisen Salz
1 TL Backpulver
700–750 g Weizenmehl
1 Ei, verquirlt
300 g süße Sahne
225 g Marzipanrohmasse
3 EL Puderzucker

Die Butter in einem Topf schmelzen. Die Milch dazugießen und handwarm erhitzen. Die Hefe in eine Schüssel bröckeln, die Flüssigkeit darübergießen und mit dem Teigschaber verrühren, bis sich die Hefe aufgelöst hat.

Quark, Sirup oder Zucker und Salz hinzufügen. Backpulver und Weizenmehl vermischen und nach und nach in den Teig einarbeiten, bis er sich von der Schüssel löst. Den Teig abgedeckt bei Zimmertemperatur 30 Minuten gehen lassen.

Herausnehmen und durchkneten, bis er glatt und geschmeidig ist. In 30 Stücke teilen. Am einfachsten teilt man den Teig erst in drei gleiche Teile, formt diese zu Rollen und unterteilt die Rollen dann in je zehn Stücke. Die einzelnen Teile zu glatten, runden Kugeln formen und diese auf ein mit Backpapier begelegtes Blech setzen. Abgedeckt erneut 30 Minuten gehen lassen.

In der Zwischenzeit den Backofen auf 225 °C (Ober-/Unterhitze) vorheizen. Die Wecken mit dem Ei bestreichen. Etwa 8 Minuten backen, bis sie goldbraun sind und leicht hohl klingen, wenn man auf ihre Unterseite klopft. Auf einem Gitterrost mit einem Tuch abgedeckt abkühlen lassen.

Die Sahne steif schlagen und das Marzipan in dünne Scheiben schneiden. Die obere Kappe der fertig gebackenen Wecken abschneiden und die Wecken mit dem Marzipan und der Sahne füllen. Dann die Kappe als Deckel auflegen und mit Puderzucker bestäuben.

REGISTER

Margareta Schildt Landgren ist eine schwedische Food-Journalistin, die auch als Rezeptentwicklerin arbeitet und mit ihrer Firma *Matnyttigt* verschiedene Projekte im Bereich Essen und Trinken betreut. Sie hat bereits rund zwanzig Kochbücher geschrieben, die auf Schwedisch und teilweise auch in deutscher Sprache erschienen sind. Sie wurde unter anderem von der Svenska Måltidsakademien ausgezeichnet und erhielt einen World Cookbook Award.

Christina Uhlin arbeitet als Fotografin für die Zeitschrift *Allers* und hat sich auf die Bereiche Food, Mode, Interior Design, Garten und Porträts spezialisiert. Ihre Arbeiten wurden bereits von der Svenska Måltidsakademien ausgezeichnet und mit dem World Cookbook Award prämiert. Ihr Buch *Skandinavisches Brot* ist ebenfalls bei Lifestyle BusseSeewald erschienen.